With the Wind

Poems by
Abbas Kiarostami

A translation by
Iman Tavassoly and Paul Cronin

Sticking Place Books
New York

Shiva Sheybany
Sohrab Mahdavi
Stacey Knecht
and
Michael Beard
are thanked by the translators

© Sticking Place Books 2015

www.stickingplacebooks.com
www.lessonswithkiarostami.com
www.filmmakertrilogy.com

Design by Ryan Bojanovic

ISBN 978-0-9905308-6-2

From the injustice of our time,
take refuge in poetry.

From the harshness of the beloved,
take refuge in poetry.

From glaring cruelty,
take refuge in poetry.

از ستم روزگار
پناه بر شعر

از جور یار
پناه بر شعر

از ظلم آشکار
پناه بر شعر.

A white foal
emerges from fog
and disappears
into fog.

کرّه اسبی سفید
از مه می‌آید
و ناپدید می‌شود
در مه.

It snows.
It snows.
It snows.
The day ends.
It snows.
Night.

برف می بارد
برف می بارد
برف می بارد
روز به پایان می رسد
برف می بارد
شب.

Traces of a passerby in snow.
Has he gone to do something?
Will he return
by the same route?

جای پای عابری در برف
از پی کاری رفته؟
بر می گردد؟
از همین راه؟

A cemetery,
completely
covered in snow.
Snow has melted
on only three graves,
of three youths.

گورستان
سراسر
پوشیده از برف،
آب شده
تنها برف سه سنگ قبر
هر سه جوان.

Snows
are melting quickly.
Footprints,
big and small,
will soon disappear.

برف ها
به سرعت آب می شوند
و به زودی پاک می شود
جا پای عابران
از کوچک و بزرگ.

White of pigeon
lost amid white clouds.
A snowy day.

سپیدی کبوتر
گم می‌شود در ابرهای سپید
روز برفی.

Sound of a drum.
Poppies, alarmed,
line the road.
Will they return?

صدای طبل
هراسان می کند
شقایق های اطراف جاده را،
آیا باز خواهند گشت؟

One hundred obedient soldiers
entering the barracks.
Moonlit night.
Disobedient dreams.

صد سرباز گوش به فرمان
به خوابگاه می روند
در آغاز شبی مهتابی
رویاهای نافرمان.

A small patch of snow.
Souvenir of long winter.
Early spring.

تکّه برفی کوچک
یادگار زمستانی طولانی
اوایل بهار.

Yellow violets,
violet violets,
together
and divided.

بنفشه های زرد،
بنفشه های بنفش،
با هم
و جدا از هم.

The white-haired woman
inspects cherry blossoms.
Has the springtime of my old age arrived?

زن سپید موی
به شکوفه های گیلاس می نگرد
آیا بهار پیری ام فرا رسیده است؟

Amid cherry trees,
an old nun
advises
young nuns.

راهبهٔ پیر
اندرز می دهد
راهبه های جوان را
در میان درختان گیلاس.

Day-old chicks
experienced
the first rains of spring.

جوجه های یک روزه
تجربه کردند
نخستین باران بهاری را.

The butterfly
twirls aimlessly
in mild spring sunshine.

پروانه به دور خود می چرخد
بی هدف
در آفتاب ملایم بهاری.

Notebook pages
turn in spring wind.
A child sleeping
on his small hands.

در باد بهاری
ورق می خورد دفتر مشق
کودکی خفته
بر دست های کوچک خویش.

An old nun
eats breakfast alone.
Whistle of a kettle.

راهبهٔ پیر
صبحانه می خورد به تنهایی
صدای کتری جوشان.

Wild cockscomb
biding its time
amid orderly lines of spring violets.

تاج خروسی وحشی
بردباری می کند
در جمع منظم بنفشه های بهاری.

Jumps and sits.
The grasshopper
sits and jumps
in a direction that only it knows.

می پرد و می نشیند
ملخ
می نشیند و می پرد
به سمتی که فقط خود می داند.

Six short nuns
walk
amid tall sycamores.
Cries of crows.

شش راهبهٔ کوتاه
قدم می زنند
میان چنارهای بلند
بانگ کلاغان.

A drop of light
falls from a crack
in the grey sky
onto spring's first blossom.

یک قطره نور
فرو می افتد
از شکاف آسمان خاکستری
بر اولین شکوفهٔ بهاری.

The honeybee
hesitates
among thousands of cherry blossoms.

زنبور عسل
مردد می ماند
در میان هزاران شکوفهٔ گیلاس.

Trembling hands.
A stretched bow.
Moment of deliverance.
For a bird…?

دستانی لرزان
یک کمان کشیده
لحظه رهایی
برای پرنده...؟

A dream about the massacre of thousands of small birds
on a feather pillow.

رویای کشتار هزار پرندهٔ کوچک
بر یک بالش پر.

A red apple
spins one thousand times
in the air
and falls into the hands
of a mischievous child.

یک سیب سرخ
هزار چرخ می زند
در هوا
و می افتد
در دست کودکی بازیگوش.

Among hundreds of
big and small stones
moves
only a turtle.

در میان صدها
سنگ کوچک و بزرگ
می جنبد تنها
یکی سنگ پشت.

The spider
has begun work
before sunrise.

عنکبوت
کار خود را آغاز کرده است
قبل از طلوع آفتاب.

Springs
in the heart of faraway mountains.
No one drinks the water,
not even a bird.

چشمه هایی
دردل کوه های دور دست
کسی آب نمی نوشد
حتّی پرنده ای.

How fortunate
that the old turtle
doesn't notice the nimble flight of the small bird.

چه خوب شد که نمی بیند
سنگ پشت پیر
پرواز سبک بار پرندهٔ کوچک را.

It sprouted.
It blossomed.
It faded.
It fell apart.
No one saw.

جوانه زد
شکفت
پژمرد
فروریخت
حتّی یک کس آن را ندید.

The spider
stops working
for a moment
to watch the sunrise.

عنکبوت
دست از کار می کشد
لحظه ای
به تماشای طلوع خورشید.

Worker bees
work slower
in the middle of a spring day.

زنبورهای کارگر
کم کاری می کنند
در نیم روز بهاری.

Such serenity.
How magnificent.
The moon rises
in the east.

چه آرام
چه باشکوه
بالا می آید ماه
از طرف خاوران.

How can
the old turtle live
for three hundred years
unaware of the sky?

چگونه می تواند زیست
سنگ پشت پیر
سیصد سال
بی خبر از آسمان؟

The comet
falls through dark night
into the heart of a tranquil pond.
Song of burning metal
in water.

ستاره دنباله دار
فرومی افتد در شبی سیاه
در دل برکۀ آرام
آوای آهن گداخته
در آب.

Growing.
Completed.
Shrinking.
Tonight,
a moonless night.

بزرگ شد و بزرگ تر
کامل شد
کوچک شد و کوچک تر
امشب
شبی بی ماه.

Dark sea.
Dark shore.
Am I to expect sun
or moon?

دریا تاریک
ساحل تاریک
به انتظار خورشید باشم
یا ماه؟

Moonlight melts
fragile ice
on the old river.

نور مهتاب
ذوب می کند
یخ نازک رود کهن را.

Beside a sleeping man,
a woman, awake.
No hope of a loving touch.

زنی بیدار
دل کنده از نوازش
در کنار مردی خفته.

Thursday evening.
Five pregnant women
in the silence of the waiting room.

پنج زن آبستن
در سکوت اتاق انتظار
عصر پنجشنبه.

Rhubarb and mountain clover
converse with each other
and pay their respects to
mild autumn sunshine.

ریواس و شبدر کوهی
گفتگو می کنند با هم
و گرامی می دارند
تابش ملایم آفتاب پاییزی را.

A sycamore leaf
falls lightly
and lands
on its own shadow
in the middle of an autumn day.

برگ چنار
فرو می افتد آرام
وقرار می گیرد
بر سایه خویش
در نیمروز پاییزی.

Sound of wind
echoes in alleys.
No passersby,
not even a dog.

صدای باد
در پس کوچه ها می پیچید
نه عابری
نه سگی حتی.

A drop of rain
rolls off a box tree leaf
into muddy water.

یک قطره باران
می غلتد از برگ شمشاد
می افتد بر آبی گل آلود.

One hundred big trees
broke
in the wind.
From a small sapling
just two leaves
were carried away.

صد درخت تناور
شکست
در باد
از نهالی کوچک
تنها دو برگ
بر باد رفت.

The turn of which leaf
to fall
in the next wind?

با باد بعدی
نوبت کدام برگ است
که فرو می افتد؟

This time
wild geese
land on cut reeds.

غازهای وحشی
فرود می آیند این بار
بر نی های بریده.

A pregnant woman
silently weeping
in the bed of a sleeping man.

زنی آبستن
می گرید بی صدا
در بستر مردی خفته.

Ten times
wind
opens
the old door
and closes it
noisily.

باد
در کهنه را
باز می کند
و می بندد
با صدا
ده بار.

A tired man,
by himself,
only one league
from his destination.

مردی خسته در راه
تنها
یک فرسنگ
تا مقصد.

The moon
shines on wet box trees
moments after rain.

ماه
به شمشادهای خیس می‌تابد
لحظه‌ای پس از باران.

Moonlight
shines on a pine tree
covered in snow.

مهتاب
به درخت کاج می تابد
زیر برف سنگین.

A small, nameless flower
has grown, all alone,
in the cleft of a huge mountain.

یک گل کوچک بی نام
روییده به تنهایی
در شکاف کوهی عظیم.

Rumbling of thunder
above the village
interrupts
the dog's howling.

صدای رعد
ناتمام می گذارد
عوعوی سگ را
بر فراز ده.

On a mountain trail
an old villager.
From afar a youngster's call.

در کوره راه کوهستانی
پیرمرد روستایی در راه
آوای جوانی از دور.

The damaged bridge
scratches
the water's surface.
Wasted moonlight.

پل شکسته
سطح آب را می خراشد
نور ماه
هرز می رود.

No one
can do anything
when the sky is so intent
upon rain.

از دست هیچ کس
کاری ساخته نیست
وقتی آسمان
قصد باریدن دارد.

Black dog
howling
for the newcomer.
Starless night.

سگ سیاه
عوعو می کند
برای تازه واردی ناشناس
در شب بی ستاره.

New Year's Day.
Spring winds
blow the scarecrow's hat from his head.

باد بهاری
کلاه از سر مترسک می رباید
اولین روز سال نو.

Full moon
rises cautiously beyond the peak
of the volcano.

قرص ماه
با احتیاط بالا می آید
از قلّهٔ آتشفشان.

Hanging
fog.
Pale sun
eastward.

مه که فرونشست
قرص خورشید
رنگ پریده
در طرف خاوران.

The key falls
without a sound
from the neck of a woman in paddy fields.
Kettle whistle
from kitchen stove.

فرو می افتد کلید
بی صدا
از گردن زنی شالیکار
کتری جوشان
بر اجاق آشپزخانه.

Sixty-six long steps
to the end of the garden.
Steps of a short nun.

شصت و شش گام بلند
تا انتهای باغ
با گام های راهبه ای کوتاه.

A pregnant cow.
Two empty milk pails
in the hands of a man on the road.

گاوی آبستن
دو سطل بی شیر
در دست مردی در گذرگاه.

A loaf of bread
shared
among five hungry children
and a heavily pregnant woman.

قرص نانی
قسمت می شود
میان پنج کودک گرسنه
زنی پا به ماه.

Worker bees
stop working
for an enjoyable conversation
around the queen.

زنبورهای کارگر
کاررا رها می کنند
برای گفت و گویی لذت بخش
در اطراف زنبور ملکه.

The bountiful cow
walks just like
the villager behind
who carries two milk pails.

گاو شیرده
چنان راه می رود
که مرد روستایی در قفا
با دو سطل شیر.

A heavily pregnant woman
awake
among five daughters and a man asleep.

زنی پا به ماه
بیدار
در جمع پنج دختر و یک مرد خفته.

Two nuns
coldly
cross paths
among sycamores.

دو راهبه
سر سنگین
از کنار هم می گذرند
میان درختان چنار.

Moonlight
shines through windowpane
onto the pale face of
a young sleeping nun.

مهتاب
تابیده از پشت شیشه
برچهرهٔ مهتابی راهبهٔ جوان
در خواب.

Autumn sunshine
on clay wall.
A lively lizard.

آفتاب پاییزی
بر چینهٔ گلین
مارمولکی هوشیار.

Scarecrow
sweats under his woollen hat
in the middle of a hot summer day.

مترسک
عرق می ریزد زیر کلاه پشمی
در نیمروزگرم تابستانی.

Autumn sunshine
through windowpane
onto the carpet's flowers.
A bee bangs against glass.

آفتاب پاییزی
از پشت شیشه می تابد
بر گل های قالی
زنبوری خود را به شیشه می کوبد.

Autumn storm.
One by one
pine cones
fall.

میوه‌های کاج
فرو می‌افتند
یک به یک
از تندباد پاییزی.

Sunset.
Flies buzz around the head
of the dead packhorse.

مگس ها
می چرخند به دور سر یابوی مرده
هنگام غروب آفتاب.

This time
the spider
connects
mulberry and cherry branches.

عنکبوت
پیوند می زند
این بار
شاخه های توت و گیلاس را.

Rain
on dry trees.
Song of faraway crow.

بارش باران
بر درختان خشک
آوای زاغی از دور.

Drought.
In the middle of the day
wind
divides a small cloud into two pieces.
One goes west, one east.

باد
دو نیم می کند
تکّه ابر کوچک را
برای غرب و شرق
در نیمروز خشکسالی.

Among a cluster of ants
a tiny ant's celebration of thanksgiving
for having escaped the terrifying hoof of a horse
on cobblestone.

مراسم شکرگزاری موری خرد
در جمع مورچگان
برای رهایی از سم سهمگین اسب
بر سنگفرش خیابان.

Children of the village aim,
without hesitation,
at the scarecrow's tin head.

بچه های روستایی
نشانه می روند بی مهابا
سر حلبین مترسک را.

Thick morning fog
in field of cotton.
Faraway thunder sounds.

مه غلیظ صبحگاهی
بر غوزه زار پنبه
صدای رعد از دور.

Sunflowers with bowed heads
whisper
on the fifth cloudy day.

گل های آفتابگردان
سرافکنده نجوا می کنند
در پنجمین روز ابری.

The spider looks
with satisfaction at its work
between mulberry and cherry branches.

عنکبوت
با رضایت به حاصل کار خویش می نگرد
بین توت و گیلاس.

Sun shines
its first golden rays
upon the magnificent spider web curtain.

خورشید می تاباند
نخستین انوار طلایی خودرا
بر پردهٔ پرشکوه تارعنکبوت.

Snow falls
from dark cloud
with whiteness of snow.

برف می بارد
از ابری سیاه
به سپیدی برف.

In the shrine
I thought one thousand thoughts.
When I left
snow lay everywhere.

در زیارتگاه
به هزار چیز اندیشیدم
بیرون که آمدم
برف نشسته بود.

The dandelion floret
made a long journey to the pond.
Nothing happened.

قاصدک از راه دور
به دیدار برکه آمد
آب از آب تکان نخورد.

The spider
removed with great care
from the hat of
an old nun.

عنکبوت
رانده می شود
به نرمی
از کلاه راهبهٔ پیر.

The nuns' conversation
goes nowhere.
Eventually
comes bedtime.

گفتگوی راهبه ها
راه به جایی نمی برد
سرانجام
وقت خواب است.

Snow
thrown from the roof
with a shovel.
How worthless.

برف ها
فـرو ریخته می شوند از بام
با پارو
چه بی مقدار.

Snow sits
on the clothesline.
In this cold weather
it won't dry
very quickly.

روی طناب رخت
برف پهن کرده اند
در این هوای سرد
به این زودی ها خشک نخواهد شد
برف.

The black crow
in snow-covered meadow
looks at itself with bewilderment.

کلاغ سیاه
با حیرت به خود می نگرد
در دشت پوشیده از برف.

Night
      long.
Day
      long.
Life
   short.

شب
طولانی
روز
طولانی
عمر
کوتاه.

The stray dog
showers
in spring rain.

سگ ولگرد
تن می شوید
در باران بهاری.

The nun
caresses
silk cloth.
Could it be used for a habit?

راهبه
دست می کشد
بر پارچهٔ ابریشم
مناسب است برای روپوش؟

The dog lies in wait
at the end of the alley
for the new beggar.

سگ در کمین نشسته
در انتهای کوچه
برای گدای تازه وارد.

To look at the annoying mosquito
the sleeping dog opens one eye,
then closes it.

سگ خفته
یک چشم باز می کند، می بندد
برای دیدن پشهٔ مزاحم.

Hail upon the egg
of a small sparrow.
Flight of a tiny bird.

بارش تگرگ
بر تخم گنجشکی خرد
پرواز پرنده ای کوچک.

The dove
composes the first epic poem
while flying over the peak of a volcano.

کبوتر
نخستین شعر حماسی را سرود
هنگام پرواز بر فراز قلهٔ آتشفشان.

Azure rain
on cherry blossoms.
Colourful blossoms.
Spring sunset.

باران لاجوردی
بر شکوفه های گیلاس
شکوفه های رنگین
در غروب بهاری.

Candle smoke
blackens
the butterfly's colourful wing.

دودهٔ شمع
سیاه می کند
بال رنگین پروانه را.

Among all cherry trees,
only one
fails to bud.

به جوانه نمی نشیند
تنها یک درخت
در جمع درختان گیلاس.

Sunflowers huddled
one against another.
Rain showers.

گل های آفتابگردان
سر در کنار هم
هنگام ریزش تند باران.

A field being irrigated.
Scarecrow
being watered.

متر‌سک
آبیاری می شود
در میان جالیز.

One of the nuns
said something.
Others laughed
loudly.

یکی از راهبه ها
چیزی گفت
بقیه خندیدند
با صدای بلند.

Two dragonflies, male and female,
pass each other
amid oaks.

دو سنجاقک ماده و نر
از کنار هم می گذرند
در میان درختان بلوط.

Sunday afternoon.
Aggressive confrontation between two prostitutes
leaving the church.

برخورد قهرآمیز دو فاحشه
هنگام خروج از کلیسا
عصر یکشنبه.

A pile
of old, used tires.
A scrawny dog,
unpaid,
on watch.

تلّی از
تایرهای فرسوده
سگی رنجور
نگهبانی می دهد
بی مواجب.

The earthquake
even destroyed grain
stored by ants.

زمین لرزه
ویران کرد حتّی
انبار غلّهٔ مورچگان را.

Of one hundred apples
ten are worm-ridden.
For each worm,
ten apples.

از هر صد سیب
ده سیب کرمو
برای هر کرم
ده سیب.

The small apple
spins
under a small cascade.

سیب کوچک
به دور خود می چرخد
از فرو ریختن آبشاری کوچک.

The stray dog
wags its tail
for the blind pedestrian.

سگ ولگرد
دم می جنباند
برای عابر کور.

Colourful fruits
amid the silence of mourners in black.

میوه های رنگین
در سکوت سوگواران سیاه پوش.

Among mourners in black
a child
stares at the persimmon.

در جمع سوگواران سیاه پوش
کودک
خیره به خرمالو می نگرد.

The gravedigger
stops working
and eats
a little bread and cheese.

گورکن
دست از کار می کشد
برای خوردن لقمه ای
نان و پنیر.

Two days of
the spider's work
is destroyed
by an old servant's broom.

حاصل دو روز
کار عنکبوت
ویران می شود
با جاروی خدمتکار پیر.

The spider
starts
spinning,
this time
on a silk curtain.

آغاز می کند
عنکبوت
تنیدن را
این بار
بر پردۀ ابریشمین.

Moonlight
through window.
Sound of crying baby.

ماه می شکند
در قاب پنجره
صدای گریهٔ کودکی نوزاد.

Schoolchildren
put their ears
to an abandoned rail.

چند کودک دبستانی
گوش سپرده اند
بر خط آهنی متروک.

Scarecrow, lonely.
Barren field.
Early winter.

متر سکی تنها
در زمینی بی خوشه
اوایل زمستان.

Birds
play
with the scarecrow's hand and face.
Job done.

پرندگان
بازی می کنند
روی دست و صورت مترسک
کار به آخر رسیده است.

Two hundred-page notebooks.
A sharp pencil.
A backpack filled with advice.
A child on the move.

دو دفتر صد برگ
یک مداد نوک تیز
کوله باری اندرز
کودکی در راه.

The schoolchild
walks the old rail,
awkwardly imitating
the sounds of a train.

کودک دبستانی
راه می رود بر ریل کهنه
و تقلید می کند ناشیانه
صدای قطار را.

New Year's Day.
Wind
dances
the scarecrow's old coat.

باد
به رقص وا می دارد
خرقه ژندۀ مترسک را
اولین روز سال نو.

Under the guard room's dim light
a child
draws.
The father
asleep.

زیرکورسوی چراغ نگهبانی
کودک
نقّاشی می کشد
پدر
در خواب.

The feverish child
looks through the window
at the snowman.

کودک تب دار
نگاه می کند از پشت شیشه
بر آدمک برفی.

The old pencil sharpener
seems unhappy
beside the new pencil sharpener
at the bottom of the bag.

مداد‌تراش کهنه
خوشحال به نظر نمی رسد
از حضور مداد‌تراش نو
در ته کیف.

The child
is gentle with the doll.
The mother…
not so much.

کودک
رفتاری مهربان دارد
با عروسک
مادر....نه چندان.

A drop of rain rolls down the glass.
A small hand,
covered in ink,
wipes condensation
from the window.

یک قطره باران
سر می خورد بر روی شیشه
دست کوچک جوهری
پاک می کند بخار را
از روی شیشه.

Wind
will not return the kite
it took up into the sky.

باد
پس نخواهد داد
بادبادکی را که به هوا برد.

Hundreds of fresh walnuts
surround a small child
with small blackened hands.

صدها گردوی تازه
در اطراف کودکی خرد
با دستان کوچک و سیاه.

A shrine
one thousand three hundred years old.
The time
is seven minutes to seven.

در معبدی متعلق به
هزار و سیصد سال پیش
ساعت
هفت دقیقه به هفت.

The watch
on a blind man's wrist
has stopped.

ساعت مچی
از کار می افتد
روی دست مرد نابینا.

The blind man
asks the schoolchild
for the time.

مرد نابینا
ساعت می‌پرسد
از کودک دبستانی.

The villager
returns to his land
for the spring season
without so much as a glance at the scarecrow.

روستایی
به زمین خود باز می گردد
برای کشت بهاری
بدون نیم نگاهی به مترسک.

Not one coal worker
has ever seen
the first winter snow.

کارگران زغال سنگ
هیچ کدام ندیده
اولین برف زمستانی را.

Collapse of the coal mine.
Flight of hundreds of white butterflies.

ریزش معدن زغال سنگ
پرواز صدها پروانه سفید.

Whiteness of snow
stung coal miners
leaving the mine.

سپیدی برف
چشم کارگران زغال سنگ را زد
هنگام خروج از معدن.

The more I think about it
the less I understand
why snow is so white.

خوب که فکر می کنم
نمی فهمم
دلیل این همه سپیدی برف را.

The nuns
fail to agree
on the colour of the refectory.

راهبه ها
به توافق نمی رسند
بر سر رنگ اتاق غذاخوری.

The more I think about it
the less I understand
the discipline
and splendour of spiders.

خوب که فکر می کنم
نمی فهمم
دلیل این همه
نظم و شکوه عنکبوت را.

The more I think about it
the less I understand
why mothers
so love their children.

خوب که فکر می کنم
نمی فهمم
دلیل این همه مهر مادران را
به فرزندان.

The more I think about it
the less I understand
why dogs are so loyal.

خوب که فکر می کنم
نمی فهمم
دلیل این همه وفاداری سگ را.

The more I think about it
the less I understand
why the hands of the poor are rich with callouses.

خوب که فکر می کنم
نمی فهمم
دلیل پینه دستان تهی دستان را.

The more I think about it
the less I understand
why truth is bitter.

خوب که فکر می کنم
نمی فهمم
دلیل تلخی حقیقت را.

The more I think about it
the less I understand
why the galaxy
is so big.

خوب که فکر می کنم
نمی فهمم
دلیل این همه
بلندی کهکشان را.

The more I think about it
the less I understand
why we are so afraid of
death.

خوب که فکر می کنم
نمی فهمم
دلیل این همه
ترس از مرگ را.

Will my ears ever again hear
the roaring of the nearby river
as snows melt?

آیا گوش هایم خواهد شنید باز
طغیان رودخانهٔ مجاور را
هنگام آب شدن برف ها؟

The last leaf upon the branch
longs
to see spring buds.

آخرین برگی که به شاخه چسبیده
به خود نوید می دهد
تماشای جوانه های بهاری را.

When I awoke with a start
it was the exact moment
spring had begun,
not a second off.

از خواب که پریدم
درست اول بهار بود
نه کم
و نه بیش.

New Year's Day.
Blue sky.
The jet has drawn a line.

خط کشیده است جت
بر آسمان آبی
در اولین روز سال نو.

The honeybee drunk,
thanks to the aroma
from an unknown flower.

زنبور عسل
مدهوش می شود
از عطرِ گلی ناشناخته.

Spring rains
flood
the pigeon's nest.
The pigeon on its way to enjoy spring.

باران بهاری
پرآب می کند
لانه کبوتر را
کبوتر به تماشای بهار رفته است.

Will swallows
not return
to their starting point this year?

پرستوها
امسال بازنمی گردند
به جای نخستین؟!

The snake
crosses the street
without looking left or right.

مار
می پیماید عرض خیابان را
بی نگاهی به چپ و راست.

The train howls
and stops.
A sleeping butterfly on the rail.

قطار زوزه می کشد
و می ایستد
پروانه ای خفته بر ریل آهن.

Birdsong
accompanies the child's tears
until mother's return.

گریه کودک را
آواز پرنده همراهی می کند
تا رسیدن مادر.

A piece of cotton cloud
guards
the crescent moon.

هلال ماه یک شبه
مراقبت می شود
با تکّه ای ابر پنبه ای.

The ploughshare splits the earth.
The ox doesn't understand
why its limbs ache so.

خیش زمین را می شکافد
و هیچ نمی داند گاو
دلیل درد دست و پایش را.

Spring breeze.
Flight of dry autumn leaves.

در نسیم بهار
پرواز چند برگ خشک پاییزی.

Full moon rises
in the east.
My love moves
a little closer to great heights.

وقتی قرص ماه بالا می‌آید
از خاوران
احساس عاشقانه ام اوج می‌گیرد
اندکی.

My shoes are soaked
when crossing
the clover field.

کفش هایم خیس می شوند
هنگام عبور
از کشتزار شبدر.

Ears of wheat
twine together
in strong spring wind.

خوشه های گندم
به خود می پیچند
از تندباد بهاری.

The female jackal howls.
The dog replies
from far away
on a moonlit night.

صدای زوزهٔ شغال مادّه را
سگ پاسخ می دهد
از راه دور
در شبی مهتاب.

The mirror breaks
in the hand of a plain woman.
One hundred springs flow
into the heart of a dark night.

آینه می شکند
در دست زنی نازیبا
صد چشمه روان می شود
در دل شبی سیاه.

My shadow
accompanies me
on a moonlit night.

سایه ام
با من همراهی می کند
در شب مهتابی.

Sunrise
in
the east.
My love
wanes.

وقتی خورشید بالا می آید
از خاوران
احساس عاشقانه ام
کاسته می شود
اندکی.

The flame rages
on a stormy night.
No reaction
to the lover's persistence.

چراغ برمی افروزد
در شب طوفانی
اصرار عاشق
راه به جایی نمی برد.

From within the wood casing of the cherry tree
the young bud
loudly announces its arrival.

جوانهٔ کوچک
فـریاد می‌زند خود را
از میان غلاف سخت چوب گیلاس.

The lily
filled
with spring rain.

گل شیپوری
پر می شود
از باران بهاری.

Spring rains
pour down
onto unwashed plates.
A young girl
dries her hands
with a floral skirt.

باران بهاری
فرو می ریزد با شتاب
بر بشقاب های چرب.
نودختری
خشک می کند دستانش را
با دامنی پر گل.

Morning dew
concealed in folds of clovers.

شبدرها پنهان کرده اند در خود
شبنم های صبحگاهی را.

No one knows
that the small stream
gushing from the heart of a tiny spring
intends to reach the sea.

هیچ کس نمی داند
جویبارِ کوچکی
که جاری می شود از دل چشمه ای خرد
قصد دریا دارد.

Spring dawn.
A drowsy man's call.
The singing nightingale
takes flight.

بلبل آواز خوان
رانده می شود
از فریاد مردی خواب آلود
در سپیده دم بهاری.

Broken bottle,
full to the brim
with spring rain.

شیشه نوشابه شکسته
لبریز
از باران بهاری.

The horse hoof
crushes an unknown flower
among thousands of flowers and plants.

اسب سم می کوبد
بر گلی ناشناس
در جمع هزاران گل و گیاه.

Rain on hay
carries the smell of spring
to the cow.

باران بر علوفه های خشک
به مشام گاو شیرده می رساند
بوی بهار را.

The packhorse
slowed down
while crossing
the clover field.

یابوی بارکش
پا سست می کند
هنگام عبور
از کشتزارِ شبدر.

Summer afternoon.
The cow moos,
waking a tired man
with a start.

گاو شیرده ماغ می کشد
و می پراند خواب را
از چشمان مرد خسته
در بعد از ظهر تابستان.

Wind howls
through deserted alleys.
No passersby.
Not even a dog.

باد زوزه می کشد
در کوچه های بی تردد
نه عابری
نه سگی حتّی.

Midsummer night.
Narrow crescent moon
shines its delicate light
on hundreds of weary sickles.

هلال نازک ماه
می افشاند نور اندک خود را
بر صد داس خسته
در یک شب تابستان.

A dirt road ends
in the cloudy sky.
Rain
falls on dust.

در انتهای جاده خاکی
به آسمان ابری می رسد
چند قطره باران
بر خاک.

A single year's harvest
gathered in one day
upon the back of the ailing animal
of an exhausted villager.

تمامی محصول یک سال
یک روزه جمع می شود
بر گرده چارپایی رنجور
روستایی خسته.

The dark cloud
goes to meet the moon
on a moonlit night.

ابر تیره
به استقبال قرص ماه می رود
در شب مهتابی.

Young ears huddled
one against the other.
Fear of wind
or sickle?

سنبله های نورس
سر در آغوش هم
از ترس باد
یا داس؟

For years on end
the tired sickle
hangs
on a dark storage room wall.

داس خسته
به دیوارِ انبارِ تاریک
آویخته می شود
برای مدّتی طولانی.

Six bamboo chairs
recall
the last autumn storm
in the bamboo field.

شش صندلی بامبو
با هم مرور می کنند
خاطره آخرین تندباد پاییزی را
در دشت خیزران.

Weeping willow.
Tall cypress.
Sad neighbour.
Autumn sunset.

بید مجنون
سرو بلند
همسایه ای غمگین
غروب خزانی.

The first autumn of loneliness.
A sky with no moon
and one hundred song verses
in the heart.

نخستین پاییز تنهایی
آسمانی بی ماه
و صد رشته آواز
در دل.

Thirsty crow,
its beak scratching in the dust.
A cloud on the way.

زاغ تشنه
منقار می مالد بر خاک
ابری در راه.

The starving crow
stares at crops around the moon.

چشمان کلاغ گرسنه
به خرمن دور ماه.

Wind
carries the dandelion up
to the tip of the pine.
A pigeon's nest destroyed by wind.

باد
قاصدک را بالا می برد
تا ارتفاع کاج
لانهٔ کبوتری ویران از باد.

Rain falling onto the sea.
A dry field.

باران بر دریا می بارد
کشتزاری خشک.

Winter storms.
Crescent moon
moves faster
across the expanse of sky.

هلال ماه نو
سریع تر می پیماید
گسترهٔ آسمان را
در تندباد زمستانی.

One thousand naked children
in the snow.
Nightmare of winter night.

هزار کودک عریان
در برف
کابوس شب زمستانی.

Storms from the east.
The flight of crows
to the west
made faster.

تندبادی که از شرق می وزد
تند می کند
پرواز کلاغان را
به سوی غرب.

Trout do not know
the river's destination
and accompany it
to salt water.

ماهی های قزل آلا
نمی دانند مقصد رودخانه را
و همراه آن می روند
تا آب شور.

Dusk.
The small fish
slipped out of the fishermen's net
onto the seashore.

شامگاهان
ماهی کوچک
جامانده از تور ماهیگیران
بر ساحل.

Wind
howling.
Wolf
howling.
Moon
hiding
behind dark cloud.

باد
زوزه می کشد
گرگ
زوزه می کشد
ماه
نهان می شود
در پس ابری تیره.

For the moon, the question is:
are the people down there
the same as those
one thousand years ago?

به چشم ماه
اینان که امروز می نگرندش
همانند
که هزاران سال پیش؟

199

The glorious bridge
obscures moonlight
shining on the river of gold.
But for only a moment.

پل عظیم
مانع می شود لحظه ای
تابش نور ماه را
بر رود سیم گون.

The ailing villager,
in step with an injured animal,
bearing a load of cotton.

روستایی رنجور
پا به پا همراه چارپایی مجروح
با باری از غوزه های پنبه.

Songs of rice farmers.
Happy and sad,
but always
the same beat.

ترانه های شالیکاران
شاد وغمگین
آهنگ هر دو
یکسان.

At the shrine
I thought one thousand thoughts.
When I left,
none remained in mind.

در زیارتگاه
به هزار چیز می اندیشیدم
بیرون که آمدم
یکی در خاطرم نماند.

"I cannot help you"
she said.
"I don't love you"
is what I wish she had said.

گفت
از دست من کاری بر نمی آید
کاش گفته بود
از دلم.

The baby
in the cradle
doesn't know the dimensions of his own bed
in a room of twelve metres square.

کودک
درون گهواره
ابعاد تخت خود را نمی شناسد
در اتاق سه در چهار.

Autumn sunset.
I step
upon red and yellow waves.

گام بر می دارم
بر امواج زرد و سرخ
در غروب پاییزی.

I have never been so sure
of anything
as end of night
and end of day.

به هیچ چیز
آن قدر اطمینان ندارم
که به پایان شب
و روزهم.

Where is she now?
What does she do?
She who I have forgotten.

اکنون کجاست؟
چه می کند؟
کسی که فراموشش کرده ام.

I have arrived with the wind
on this first day of summer.
Wind will carry me away
on the last day of autumn.

همراه باد آمده ام
در نخستین روز تابستان
باد مرابا خود خواهد برد
در آخرین روز پاییزی.

I arrive alone.
I drink alone.
I laugh alone.
I weep alone.
I depart alone.

می آیم   به تنهایی
می نوشم   به تنهایی
می خندم   به تنهایی
می گریم   به تنهایی
می روم   به تنهایی

Powerful blows
drive the nail into wood.
All that remains
is a round board
on which is written:
"Here lies a nail."

میخ مدفون می شود در چوب
با ضرباتی سنگین
و از آن می ماند
تنها
لوحی مدّور که برآن نوشته
اینجا میخی غنوده است.

The worm abandons
the worm-ridden apple
for a fresh one.

کرم رها می کند
سیب کرم خورده را
برای سیبی تازه.

Full moon
shines generously
on the glowworm.

قرص ماه
نور می افشاند بی دریغ
بر کرم شب تاب.

The glowworm
shines generously
on the moonless night.

کرم شب تاب
نور می افشاند بی دریغ
در شب بی ماه.

It's the grandmother
who always loses
when playing games with the child.

در بازی های کودک و مادر بزرگ
آن که همیشه می بازد
مادر بزرگ است.

The child
opens
one of grandfather's eyelids
to show him the marble.

کودک
یک چشم پدر بزرگ را باز می کند
با دست
برای نشان دادن تیله ای شیشه ای.

Not east.
Not west.
Not north.
Not south.
Only the place I find myself now.

نه خاور
نه باختر
نه شمال
نه جنوب
همین جا که من ایستاده ام.

Atop a deep valley
I shout
and await the echo.

فریاد می کشم
بر فراز دره ای عمیق
در انتظار پژواک.

I weep
uncontrollably
when there is no place to weep.

گریه امانم نمی دهد
وقتی
جایی برای گریستن نیست.

I am forever supposed to meet
someone
who never shows up
and whose name I cannot remember.

همیشه با کسی
قرار ملاقات دارم
که نمی‌آید
نام او در خاطرم نیست.

Years
have I wandered
like straw
amid seasons.

سال‌هاست
مثل پرکاه
در میان فصول
سرگردانم.

I cross six paddy fields
on a moonlit night.
Mud
up to my ankle.

شش کرت جالیزِرا می گذرم
در شب مهتاب
پا درگل می گذارم
تا قوزک.

Chasing the mirage
I reached water
without being thirsty.

به دنبال سراب
به آب رسیدم
بی احساس تشنگی.

I return,
remove new clothes,
and again don
old clothes.

باز می گردم
لباس نو از تن بیرون می آورم
و باز می پوشم
لباس های کهنه را.

I leave behind me a life
lived in a flash.
I weep for myself.

یک عمر را پشت سر می گذارم
در یک لحظه
بر خویشتن می گریم.

Of one hundred passersby
only one stops
in front of my stall.

از صد عابر
یکی می ایستد
مقابل بساط من.

Always unfinished,
my conversation
with myself.

همیشه ناتمام می ماند
حرف های من
با خودم.

Forgive and forget
my sins.
But
not so that I forget them completely myself.

ببخشید و فراموش کنید
گناهانم را
اما نه آن گونه
که به کلی فراموششان کنم.

Published by Sticking Place Books

Lessons with Kiarostami
Edited by Paul Cronin

A Wolf on Watch (dual-language)
Poems by Abbas Kiarostami

With the Wind (dual-language)
Poems by Abbas Kiarostami

Wind and Leaf (dual-language)
Poems by Abbas Kiarostami

Wine (dual-language)
Poetry by Hafez
Selected and adapted by Abbas Kiarostami

Tears (two volumes) (dual-language)
Poetry by Saadi
Selected and adapted by Abbas Kiarostami

Water (dual-language)
Poetry by Nima
Selected and adapted by Abbas Kiarostami

Fire (four volumes) (dual-language)
Poetry by Rumi
Selected and adapted by Abbas Kiarostami

Night (two volumes) (dual-language)
Poetry from the Classical Persian Canon
Selected and adapted by Abbas Kiarostami

Night (two volumes) (dual-language)
Poetry from the Contemporary Persian Canon
Selected and adapted by Abbas Kiarostami

In the Shadow of Trees
The Collected Poetry of Abbas Kiarostami

www.ingramcontent.com/pod-product-compliance
Lightning Source LLC
Chambersburg PA
CBHW040749150426
42811CB00075B/1962/J